तीन बातें

अनुपम कुमार

ये किताब पढो सब समझ आ जाएगा, इसमे मैंने तीन कबीता लिखा हू जो की भुत छोटी है, या मैं उम्मेद करता हूं आपको पसंद आएगा ।।

क्रम-सूची

पावती (स्वीकृति)

ये जो भी कुछ लिखा हू वो मेरे अपने शब्द है ॥

1. " मां " यह घर अब पहले जैसा नहीं लगता तेरे चले जाने के बाद

" मां " यह घर अब पहले जैसा नहीं लगता तेरे चले जाने
के बाद

" मां " यह घर अब पहले जैसा नहीं लगता तेरे चले जाने के बाद

मां अब इस घर में,

वह खुशियां नहीं रही,

जो पेहले थी

जो तेरे होने से थी,

पता नहीं मां आज क्यों ,

मन नहीं लग रहा ,

तेरे चले जाने के बाद

मां जब तुम होती थी .

तो यह घर भरा सा लगता था,

लेकिन अब तेरे चले जाने के बाद,

यह घर खाली सा लगता है,

मां तेरे होने से यह घर मंदिर लगता,

लेकिन अब यह घर ,

घर भी नहीं लगता ,

तेरे चले जाने के बाद,

मां तेरे होने से यह घर,

की दीवारें भी मुझसे बात करती थी ,

लेकिन अब मां तेरे चले जाने के बाद,

यह भी मुझसे बातें नहीं करती

कहते हैं मां है तो जहान है,

मां नहीं तो कुछ भी नहीं

मां आज तुम्हारी याद बहुत आ रही है,

तुम्हारे चले जाने के बाद

बोलो ना मां फिर कब आओगी...

मां तेरे चले जाने के बाद
मां यह घर सूना सा लग रहा है,

तेरे चले जाने के बाद
वह मेरे आने की खुशी पर चमकती आंखें,

तेरी कहीं देखी नहीं
मैं पूरे घर में यह एहसास ढूंढ रहा था,

तेरे चले जाने के बाद
जाकर वह तेरे कमरे में ,

बैठकर सुकून बहुत मिलता था
पर आज हिम्मत नहीं हुई,

तेरे कमरे में जाने की,

तेरे चले जाने के बाद
घंटों खामोशी से भटकता रहा ,

घर में पर वो खुशी अब महसूस न हुई ,

तेरे चले जाने के बाद

वह घर की एक - एक चीज

तेरी याद मुझे दिला रही थी
रौनक अब कहां दीखे उस घर में ,

अनुपम कुमार

तेरे चले जाने के बाद
वह बच्चों को अपने पास,

खुशी से बिठाकर प्यार करना
वह प्यार अब कहीं खो गया,

तेरे चले जाने के बाद
हर एक शख्स मौजूद था
वहां पर यह मेरी आंखें बस तुझे ही ढूंढ रही थी

मां आज तेरी कमी बहुत महसूस हुई,

तेरे चले जाने के बाद

" मां " यह घर अब पहले जैसा नहीं लगता तेरे चले
जाने के बाद

2. जिंदगी तुम्हारे साथ और तुम्हारे बिना

-: जिंदगी तुम्हारे साथ और तुम्हारे बिना :-

-: जिंदगी तुम्हारे साथ और तुम्हारे बिना :-

तुम्हारे साथ होने से पता नहीं,

एक गजब की खुशी मिलती है

सच कहूं तो तुम्हारे साथ,

सच में मुझे खुशी मिलती है

ना जाने तुम में ऐसी क्या बात है

जब तुम मेरे साथ होती हो, तो

मैं अकेला महसूस नहीं करता

सच कहूं तो तुम्हारा साथ

मुझे एक अपना सा लगता है

तुम्हारे साथ सच कहूं तो

गर्मी में भी ठंड से लगती है

तुम्हारे साथ होने पर

पता नहीं मेरी खुशियां

क्यु ,दुगनी हो जाती है

तुम्हारे बिना सच कहूं तो

यह पेड़ भी छांव नहीं देते

तुम्हारे बिन सच कहूं तो

यह चिड़िया भी नहीं गाते

तुम्हारे बिना सच कहूं तो

यह भंवरे गुनगुनाते भी नहीं

तुम्हारे साथ तो सर्दी में भी धूप है

और तुम ना हो तो मुझे

सर्दी में भी ठंड लगती है

तुम्हारे साथ होने से ही

मेरे चेहरे खिल जाते हैं

और तुम्हारे बिन यह

मेरे चेहरे मुरझा से जाते हैं

तुमसे दो लाइन बातें क्या हो जाए

मानो मुझे मैं मिल गया

तुमसे बातें ना हो तो

मानो मैं - मैं रहो ही नहीं

तुम्हारे साथ तुम्हें तुम्हारी

खामोशी को भी सुन सकता हूं

तुम्हारे बिन यह शोर भी

मुझे सुनाई नहीं देते

तुम्हारे साथ तो यह रातें भी

जगमग सी लगती है

तुम्हारे बिन यू सूरज भी

तो नहीं निकलता

तुम्हारे साथ तो यह

नीम के पत्ते भी मीठे लगते हैं

तुम्हारे बिन यह शहद भी कड़वे लगते हैं

तुम्हारे साथ तो सफर भी अच्छे लगते हैं

तुम्हारे बिन मेरे पैर भी नहीं उठते

तुम्हारे साथ तो कहानी भी सच्ची लगती है

और तुम्हारे बिन हकीकत भी झूठी लगती है

तुम्हारा साथ एक सदी सा लगता है

तुम्हारे साथ तो यह पूरी

दुनिया चलती है

तुम्हारे बिन तो यह दुनिया भी

अकेली हैतुम्हारे साथ चलना भी

उड़ने जैसा लगता है
तुम्हारे बिन तो यह जीवन

भी जंजीर सा लगता है
तुम्हारे साथ तो सब

कुछ मुमकिन सा लगता है
तुम्हारे बिन तो मेरी

कोई हस्ती ही नहीं है
तुम्हारे साथ लाश

भी जिंदा हो जाए
तुम्हारे बिन जिंदा

भी लाश बन जा
तुम्हारे साथ तो यह तलाश

भी खत्म हो जाती है
तुम्हारे बिन तो किसी चीज की

तलाश ही नहीं रहती
तुम्हारे साथ मुझे सब

कुछ अपना सा लगता है
तुम्हारे बिन मुझे सब

कुछ पराया सा लगता है
तुम्हारे साथ मेरा मन

भी लगा रहता है

तुम्हारे बिन मेरा मन

मेरे पास नहीं रहता

-: जिंदगी तुम्हारे साथ और तुम्हारे बिना :-

3. वह 90's वाला प्यार था

-: *वह 90 वाला प्यार था* :-

-: *वह 90 वाला प्यार था* :-

वह 90's वाला प्यार ही प्यार लगता है
जिसमें बिना कुछ कहे सब

कुछ समझा जा सकता था
जिसमें बिना बोले भी

बहुत कुछ बोला जाता था
जी हां यह सब सिर्फ

90's वाला प्यार में होता था

उस प्यार में शरमाना था ,

मुस्कुराहट था
बिन कहे ना जाने

कितनी बातों का राज था
नजरों से मोहब्बत की

पहली वह आगाज थी

कुछ अनकहा, अनचाहा लेकिन

बेइंतेहा इंतजार था

दोस्तों वह 90's वाला प्यार था

बिन गीत ही कितनी

सुरीली सरगमो का राज था

शर्म से झुकी नजरों में

पहले इश्क का इकरार था
बेईमान था मगर सच्चा था

वह 90's वाला प्यार था

बिन बारिश ही मिट्टी में

बसी सोंधी खुशबू का आगाज था

मनचले मन के भावनाओं

के सच होने का इंतजार था

कुछ अपना सा कुछ अनजाना सा

बेशुमार था

वह 90's वाला प्यार था

उसमें कोई मिलावट ना थी

उस प्यार में दिल देखा

जाता था शरीर नहीं

वह प्यार साथ जीने

और साथ मरने वाला था

प्यार में वादे सच्चे

होते थे झूठे नहीं

उस प्यार में दोनों एक दूसरे

को इज्जत दिया करते थे

उस प्यार में इंतजार

भी लंबा होता था

उस प्यार में कुछ कहने के लिए

चिट्ठियां लिखी जाती थी

उस प्यार में अपनों से बड़ों का पै

र छूकर आशीर्वाद लिया जाता था

कोई कुछ भी कहे

वह 90's वाला प्यार ही

असली प्यार है

उस प्यार में कभी कोई

एक दूसरे को धोखा नहीं देते

वह प्यार मानो

भगवान की पूजा जैसी हो

जो भी कहो वह

90's वाला प्यार ही प्यार है

आप सब का धन्यवाद, की आप सब ने अपना किमती समय निकला के इसे पढ़ा,